BEI GRIN MACHT SICH IHR WISSEN BEZAHLT

- Wir veröffentlichen Ihre Hausarbeit,
  Bachelor- und Masterarbeit

- Ihr eigenes eBook und Buch -
  weltweit in allen wichtigen Shops

- Verdienen Sie an jedem Verkauf

**Jetzt bei www.GRIN.com hochladen
und kostenlos publizieren**

Eine eingehende Analyse der Rechtmäßigkeit der Medienberichterstattung, wettbewerbsrechtlicher Praktiken und der Nutzung von Markenprodukten

GRIN ☺

Bibliografische Information der Deutschen Nationalbibliothek:

Die Deutsche Nationalbibliothek verzeichnet diese Publikation in der Deutschen Nationalbibliografie; detaillierte bibliografische Daten sind im Internet über http://dnb.d-nb.de abrufbar.

ISBN: 9783346904447
Dieses Buch ist auch als E-Book erhältlich.

Medienrecht

Alternative C

Abgegeben/ hochgeladen am: 15.06.2023

Inhaltsverzeichnis

Abkürzungsverzeichnis

Abkürzungsverzeichnis

etc.	et cetera
ggf.	gegebenenfalls
z.B.	zum Beispiel
S.	Seite
vgl.	vergleiche
Art.	Artikel
Abs.	Absatz
GG	Grundgesetz
BGB	Bürgerliches Gesetzbuch
APR	Allgemeines Persönlichkeitsrecht
StGB	Strafgesetzbuch
UWG	Gesetz gegen den unlauteren Wettbewerb
DSGVO	Datenschutz-Grundverordnung
UrhG	Urheberrechtsgesetz
i.V. m	in Verbindung mit

Aufgabe 1

Rechtmäßigkeit der Berichterstattung über Bettina und Piet Bread

In dem vorliegenden Fall handelt es sich um ein Interview zwischen Janis Astinson und einer Journalistin der Zeitschrift Touch?OK!. Da in dem Interview über eine dritte Person, Bettina Bread, berichtet wird, ist die Rechtmäßigkeit der Berichterstattung über Bettina und ihren Ehemann Piet Bread zu untersuchen. Insbesondere werden die einzelnen Sätze des Interviews, die in der Zeitschrift Touch?OK! veröffentlicht wurden, analysiert, um festzustellen, ob sie rechtlich zulässig sind. Dabei wird auf einschlägige Rechtsvorschriften eingegangen und kollidierende Rechte gegeneinander abgewägt. Des Weiteren wird bestimmt, ob es sich bei den Aussagen von Janis Astinson über Bettina Bread um Meinungsäußerungen oder Tatsachenbehauptungen handelt und welche Persönlichkeitssphäre jeweils berührt wird.

Die Meinungsfreiheit beschreibt das subjektive Recht auf freie Rede sowie freie Äußerung der Meinung (Dörr/Schwartmann/Mühlenbeck, 2023, S.27) und ist in Artikel 5 des deutschen Grundgesetzes (GG) definiert: „Jeder hat das Recht, seine Meinung in Wort, Schrift und Bild frei zu äußern und zu verbreiten und sich aus allgemein zugänglichen Quellen ungehindert zu unterrichten. Die Pressefreiheit und die Freiheit der Berichterstattung durch Rundfunk und Film werden gewährleistet. Eine Zensur findet nicht statt." (Grundgesetz, Art. 5 Abs. 1). Hiernach hat jedermann ein Recht darauf, sich aus allgemein zugänglichen Informationsquellen ungehindert zu unterrichten und seine Meinung frei zu äußern und zu verbreiten (Volker Epping, 2019). Obwohl die offene Meinungsäußerung grundsätzlich erlaubt ist, so hat sie aber auch ihre Grenzen. Sie umfasst nicht die Verbreitung erwiesener unwahrer Tatsachenbehauptungen sowie die Verwendung falscher Zitate. „Diese Rechte finden ihre Schranken in den Vorschriften der allgemeinen Gesetze, den gesetzlichen Bestimmungen zum Schutze der Jugend und in dem Recht der persönlichen Ehre" (Grundgesetz, Art. 5 Abs. 2). Man kann rechtliche Forderungen auf Unterlassung, Gegendarstellung (Bürgerliches Gesetzbuch, §1004) oder Schadensersatz (Bürgerliches Gesetzbuch, §823 Abs. 1 in Verbindung mit dem allgemeinen Persönlichkeitsrecht als „sonstiges Recht") geltend machen. Die persönliche Ehre und das allgemeine Persönlichkeitsrecht sind besonders geschützt. Insbesondere wenn nur der Ruf oder das Ansehen der Person beeinträchtigt werden soll.

Es ist zu unterscheiden, ob es sich bei den Aussagen in dem vorliegenden Interview um Meinungsäußerungen oder Tatsachenbehauptungen handelt. Meinungsäußerungen sind Aussagen, die von der persönlichen Meinung des Verfassers geprägt sind und nicht von anderen als wahr oder falsch bewertet werden können. Sie werden ebenfalls als Werturteil bezeichnet und sind durch die Elemente der Stellungnahme, des Dafürhaltens und des Meinens im Rahmen einer geistigen Auseinandersetzung definiert (vgl. BVerfG, Beschluss vom 28.09.2015, Az. 1BvR 3217/14). Hier kommt es also maßgeblich auf die subjektive Stellungnahme an. Tatsachenbehauptungen dagegen sind Behauptungen, die wahr oder falsch sein können und sich auf nachprüfbare Fakten beziehen. Aus einer objektiven Perspektive kann diese Aussage also als richtig oder falsch angesehen werden (vgl. BVerfG, Beschluss vom 13.04.1994, Az. 1 BvR 23/94 – Ausschwitzlüge, BVerfG, Beschluss vom 16.03.2017, Az. 1BvR 3085/15). Aus diesem Grund wird der Wertung der Aussage jeglicher Spielraum genommen. Die Abgrenzung ist allerdings nicht immer eindeutig und kann von verschiedenen Faktoren abhängen, wie die Art der Aussage, dem Kontext und der Formulierung. Unwahre Behauptungen fallen jedoch stets aus dem Schutzbereich der Meinungsfreiheit hinaus (BVerfGE 90, 1, 14f, Kriegsschuld; 99, 185, 187 – Helnwein). Aber auch wahre Tatsachenbehauptungen sind nicht immer zulässig, wenn es sich beispielsweise um eine Beleidigung handelt (Strafgesetzbuch, §192).

Hinsichtlich dessen, spielt auch das allgemeine Persönlichkeitsrecht eine bedeutende Rolle. Das Allgemeine Persönlichkeitsrecht (APR) ist ein Grundrecht, das allerdings nicht ausdrücklich im Grundgesetzbuch geregelt ist. Es ist ein sogenanntes Rahmenrecht, das nach richterlicher Rechtsfortbildung seine gesetzliche Grundlage in den Art. 1 Abs. 1 GG (Menschenwürde) i.V. m. Art. 2 Abs. 1 GG (allgemeine Handlungsfreiheit) findet. Seine Reichweite steht nicht absolut fest, sondern muss immer wieder durch Abwägungen mit widerstreitenden grundrechtlich geschützten Positionen (insbesondere der Meinungsfreiheit) neu bestimmt werden. Wenn ein Dritter oder ein Medium falsche Informationen über eine Person verbreitet, die sie verächtlich machen oder in der öffentlichen Meinung herabwürdigen, wird dies als Persönlichkeitsrechtsverletzung angesehen und ist gemäß §187 StGB eine

Straftat. Diesbezüglich müssen ebenfalls die Begriffe Schmähkritik, Formalbeleidigung, üble Nachrede und Verleumdung näher betrachtet werden. Das Bundesverfassungsgericht betrachtet die Schmähkritik als nicht in den sachlichen Schutzbereich der Meinungsfreiheit fallend (Soehring/Seelmann-Eggebert, 2005, S.571f). Die Schmähkritik bezieht sich auf Aussagen, deren Hauptziel es ist, die angegriffene Person zu diffamieren. Die Diskussion über das Thema ist nicht mehr relevant und daher ist eine Schmähkritik gemäß §185 StGB als Beleidigung zu ahnden. Der Straftatbestand einer Beleidigung zählt nach §185 StGB zu den sogenannten „Ehrendelikten". Das zu schützende Rechtsgut ist also die Ehre eines Menschen. Eine strafbare Beleidigung begeht man, wenn man die Ehre eines anderen Menschen herabzusetzen versucht. Es handelt sich um ein Vorsatzdelikt; eine versehentliche Beleidigung gibt es nicht. Beleidigungen, die nicht aufgrund ihrer Aussage, sondern aufgrund der Umstände der Äußerung als solche zu bewerten sind, nennt man „Formalbeleidigungen" (BVerfG, Beschluss vom 19.05.2020, Az. 1BvR, 2397/19). Die Strafe der Beleidigung besteht in einer Geldstrafe oder einer Freiheitsstrafe bis zu einem Jahr bzw. bis zu zwei Jahren, sofern eine Beleidigung in tätlicher Form erfolgt ist.

Sowohl die üble Nachrede als auch Verleumdung sind Behauptungen über jemanden gegenüber Dritten, während eine Beleidigung – egal ob Beschimpfung, Geste oder Tätlichkeit – gegenüber dem Opfer selbst erfolgt. Im Falle der üblen Nachrede geht es um die Verbreitung oder Behauptung von Tatsachen, bei denen nicht geklärt werden kann, ob sie zutreffen oder nicht. Sie wird als ehrverletzende Tatsachenbehauptung definiert und ist gemäß §186 StGB strafbar. Sofern die Tatsachen nachweislich falsch sind und der oder die Täterin dies wusste, handelt es sich dagegen um Verleumdung (Strafgesetzbuch, §187). Auch dies ist ein Tatbestand und demnach strafbar.

Da es sich um ein Interview handelt, das durch Medien in die Öffentlichkeit kommuniziert wurde, spielt auch die Pressefreiheit eine zentrale Rolle. Die Pressefreiheit ist ein grundrechtlich geschütztes Recht, das in Art. 5 Abs. 1 Satz 2 des Grundgesetzes verankert ist. Sie gewährleistet den freien Zugang zu Informationen und die Freiheit der Meinungsäußerung in den Medien. Die Pressefreiheit ermöglicht es, Meinungen zu äußern und Sichtweisen darzulegen. Allerdings hat die Meinungsfreiheit auch hier ihre Grenzen. Sie darf ebenfalls nicht dazu führen, dass unbegründete Tatsachenbehauptungen aufgestellt werden, die das Persönlichkeitsrecht einer Person verletzen. In solchen Fällen ist eine Abwägung zwischen dem Persönlichkeitsschutz und der Meinungsfreiheit erforderlich. Es ist wichtig, dass die Pressefreiheit verantwortungsbewusst ausgeübt wird und dass Journalisten bei ihrer Berichterstattung zwischen Meinungsäußerungen und Tatsachenbehauptungen unterscheiden. Unwahre Tatsachenbehauptungen und beleidigende Äußerungen können das Ansehen und die Privatsphäre einer Person erheblich beeinträchtigen und sind rechtlich geschützt. Der Schutz des Persönlichkeitsrechts kann in solchen Fällen höher gewichtet werden als die Meinungsfreiheit.

Im folgenden werden die einzelnen Sätze aus dem Interview auf ihre Rechtmäßigkeit geprüft und die kollidierenden Rechte gegeneinander abgewägt:

- Satz 1: "Die interessiert mich eigentlich überhaupt nicht, ist mir wirklich völlig gleichgültig, kratzt mich kein Stück, aber wo sich mich schon fragen…" Dieser Satz stellt keine konkrete Behauptung über Bettina und Piet Bread dar, sondern zeigt lediglich die Gleichgültigkeit des Sprechers gegenüber ihrer Trennung. Es handelt sich um eine Meinungsäußerung, die von der Meinungsfreiheit geschützt ist. Die Persönlichkeitssphäre wird hier nicht berührt.
- Satz 2: "Ich war nicht überrascht, Bettina ist eben eine Schlampe, das hat man ja schon damals gesehen, als sie mir Piet ausgespannt hat."
  Frau Astinson hat mit diesem Satz ihre freie Meinung geäußert, wobei sie mit dem Begriff „Schlampe" nach §185 StGB allerdings einen Beleidigungsdelikt begangen hat. Der Begriff „Schlampe" wird als besonders krasses, aus sich herabwürdigendes Schimpfwort definiert (Wichert, 2023) und verletzt die Ehre von Bettina Bread. Damit handelt es sich um eine Formalbeleidigung und ist laut §185 StGB strafbar.
- Satz 3: "Und außerdem ist sie eine Rabenmutter, was man schon daran erkennt, dass sie die Erziehung ihrer eigenen Kinder einem Haufen planloser Nannys überlässt, während sie lieber in der Weltgeschichte herumjettet und sich von ihren Fans anbeten lässt." Der Satz enthält einige Elemente, die als Tatsachenbehauptungen interpretiert werden können,

4

wie z.B. dass die betreffende Person die Erziehung ihrer eigenen Kinder Nannys überlässt und in der Weltgeschichte herumjettet. Dass sie für ihre Kinder Nannys beauftragt ist nachweisbar und daher eine wahre Tatsachenbehauptung. Trotzdem könnten sich Bettina Bread und vor allem auch ihre Nannys beleidigt fühlen. Sie könnten in ihrer Ehre verletzt sein und vor Gericht gemäß §186 StGB auf üble Nachrede plädieren, da die Beschreibung „planlos" die Arbeitsweise der Nannys abwertet und nicht bewiesen ist. Es handelt sich also um eine Tatsachenbehauptung, die in Verbindung mit einer abwertenden Wertung steht und ggf. als üble Nachrede angesehen werden kann. Vor Gericht muss situationsbedingt abgewogen werden, welches Recht vortritt hat. Es ist nicht eindeutig bewiesen oder belegt, dass Bettina eine Rabenmutter ist oder ihre Kinder vernachlässigt. Dass sie sich aufgrund ihres Berufs viel im Ausland aufhalten muss und Nannys engagiert, um ihre Kinder zu betreuen, bedeutet nicht automatisch, dass sie keine liebevolle Mutter ist. Fraglich ist hier, ob und wie nachgewiesen werden kann, dass Bettina Bread ihre Kinder lange Zeit nicht mehr gesehen hat und ihren Pflichten als Mutter nur bedingt nachkommt, da sie beispielsweise ihren eignen Sohn nicht wiedererkennt.

- Satz 4: "Nach außen hin gibt sie dann die vorbildliche Mutter, diese Heuchlerin!" Dieser Satz enthält eine abwertende Wertung ("Heuchlerin") über Bettina Bread.. Es handelt sich dennoch um eine Meinungsäußerung, die gemäß Art. 5 Abs. 1 GG von der Meinungsfreiheit geschützt ist. Es liegt im Ermessen der richterlichen Person, ob hier das Persönlichkeitsrecht Vorrang hat. .

- Satz 5: "Sie ist wirklich dumm wie Brot und außerdem kokainabhängig, wie könnte sie sonst nach so vielen Geburten noch so schlank sein?!" Dieser Satz enthält zwei Tatsachenbehauptungen über Bettina: dass sie dumm wie Brot und kokainabhängig sei. Da beide Behauptungen nicht erweislich wahr sind und Bettina Bread durch die Aussagen verächtlich gemacht wird und in der öffentlichen Meinung herabgewürdigt wird, macht sich Janis Astinson gemäß der üblen Nachrede strafbar. Dieser Tatbestand kann mit einer Freiheitsstrafe oder einer Geldstrafe bestraft werden. Sollte Janis Astinson jedoch ganz genau wissen, dass Bettina

Bread in ihrem ganzen Leben noch keinerlei Drogen konsumiert hat, kann sie sich in diesem Sachverhalt nach §187 StGB sogar der Verleumdung strafbar machen.

Die Analyse der einzelnen Sätze zeigt, dass einige der Äußerungen in der Berichterstattung rechtswidrig sind. Die abwertenden Bezeichnungen und unwahren Behauptungen über Bettina Bread könnten ihren Ruf als Schauspielerin und Mutter schädigen und verletzen daher das Persönlichkeitsrecht von Frau Bread. Durch die Veröffentlichung dieses Interviews kann sich auch die Journalistin bzw. das Touch?OK!-Magazin strafbar machen, da das Interview unwahre Tatsachenbehauptungen enthält, die Bettina Bread diffamieren. In diesem Fall wäre eine bessere Recherche notwendig gewesen (Löffler, 2023). Da das Recht auf Meinungsfreiheit nicht absolut ist und durch das Recht auf Persönlichkeitsschutz abgewogen werden muss, könnte das Recht auf den Schutz des Rufs und der Privatsphäre von Bettina Bread höher gewichtet werden, da die Äußerungen über sie rufschädigend und teilweise unwahr sind. Es wäre ratsam für Bettina Bread, rechtlichen Rat einzuholen und gegebenenfalls rechtliche Schritte gegen die Veröffentlichung der unwahren Behauptungen einzuleiten. Bettina Bread könnte gemäß §1004 Abs. 1 BGB Unterlassungsansprüche geltend machen und hat Anspruch auf Richtigstellung oder Widerruf (Fechner, 2022/23, S. 114), um die weitere Verbreitung der rechtswidrigen Äußerungen zu verhindern. Bettina Bread könnte ebenso auf Schadensersatzansprüche wegen Rufschädigung klagen.

Aufgabe 2

Rechtliche Bewertung der Kundengewinnung von Friedolin Fleißig durch Telefonanrufe bei Ehepaaren

Der vorliegende Fall schildert die Vorgehensweise von Friedolin Fleißig, der als Einmanndruckerei durch Telefonanrufe bei Ehepaaren Aufträge für Danksagungskarten gewinnen möchte. Es wird untersucht, ob diese Ausführung rechtlich zulässig ist und welche Konsequenzen Friedolin Fleißig im Falle einer rechtswidrigen Handlung drohen könnten. Dabei werden die einschlägigen wettbewerbsrechtlichen und datenschutzrechtlichen Rechtsvorschriften herangezogen.

Friedolin Fleißig nutzt die Hochzeitsanzeigen in Regionalzeitungen, um potenzielle Kunden zu identifizieren. Anschließend sucht er im Telefonbuch nach den Nummern der Ehepaare und ruft sie an, um ihnen ein Angebot für Danksagungskarten zu unterbreiten. Diese Vorgehensweise wirft Fragen hinsichtlich des Wettbewerbs- und Datenschutzrechts auf.

Im Bereich des Wettbewerbsrechts ist die Vorgehensweise von Friedolin Fleißig als unlauterer Wettbewerb zu sehen. Das Gesetz gegen den unlauteren Wettbewerb enthält Regelungen zum Schutz der Mitbewerber und der Verbraucher: „Eine geschäftliche Handlung, durch die ein Marktteilnehmer in unzumutbarer Weise belästigt wird, ist unzulässig. Dies gilt insbesondere für Werbung, obwohl erkennbar ist, dass der angesprochene Marktteilnehmer diese Werbung nicht wünscht" (Gesetz gegen den unlauteren Wettbewerb, §7 Abs.1 Satz 1). Führt man also Geschäftspraktiken durch, mit denen sich Unternehmen gegenüber Konkurrenten mithilfe von rechtlich unzulässigen Maßnahmen einen Vorsprung verschaffen wollen, ist dies strafbar. Die unaufgeforderte telefonische Kontaktaufnahme zu Werbezwecken, ohne dass eine vorherige Einwilligung vorliegt, ist gemäß §7 Abs. 2 Nr. 2 UWG unzulässig, es sei denn, es besteht bereits eine Kundenbeziehung. Andernfalls stellt sie eine unzumutbare Belästigung dar und kann rechtliche Konsequenzen haben. Die unaufgeforderte Kontaktaufnahme bei Ehepaaren, die ihre Telefonnummern nicht öffentlich zur Verfügung gestellt haben, könnte auch als aggressive Handlung eingestuft werden. Das UWG verbietet aggressive geschäftliche Handlungen, die gegen die Entscheidungsfreiheit und Privatsphäre der Verbraucher verstoßen.

„Heute haben das Datenschutzrecht, das Telekommunikationsrecht und das Telemedienrecht als Recht der neuen Medien im Zusammenhang mit dem Internet und dem Einsatz sozialer Netzwerke in Zeiten der Digitalisierung eine ebenso hohe Bedeutung gewonnen" (Dörr/Schwartmann/Mühlenbeck, 2023, S.1). Die Vorgehensweise von Friedolin Fleißig wirft also auch datenschutzrechtliche Fragen auf. Gemäß der Datenschutz-Grundverordnung (DSGVO) ist die Verarbeitung personenbezogener Daten, einschließlich Telefonnummern, nur zulässig, wenn eine Rechtsgrundlage dafür vorliegt. Ohne eine solche Einwilligung ist die unaufgeforderte Kontaktaufnahme zu Werbezwecken rechtlich nicht gerechtfertigt und verstößt auch gegen die Datenschutzvorschriften. Auch die Nutzungsbedingungen des Telefonbuchs bestimmen, dass jede Zweckentfremdung der Daten unzulässig ist (Deutsche Tele Media Gesellschaft oJ.). Fridolin Fleißig wäre nur dann komplett rechtlich abgesichert, wenn er die Einverständniserklärung in schriftlicher Form vorliegen hat (Gesetz gegen den unlauteren Wettbewerb, §7a Abs. 1 Satz 1). Da dies nicht der Fall ist, begeht er mit der kalten Telefonakquise nach §7 UWG eine Ordnungswidrigkeit.

Im Falle einer rechtswidrigen Kundengewinnung durch unaufgeforderte Telefonanrufe könnten verschiedene Konsequenzen drohen:

1. Abmahnungen: Mitbewerber oder Verbraucherschutzverbände könnten Friedolin Fleißig abmahnen, um das rechtswidrige Verhalten zu unterbinden.
2. Unterlassungsansprüche: Die betroffenen Ehepaare könnten gemäß §8 UWG Unterlassungsansprüche geltend machen, um weitere unerwünschte Telefonanrufe zu verhindern.
3. Schadensersatz: Laut §9 UWG können Mitbewerber Schadensersatz auf entgangenen Gewinn einfordern (Beck, 2022, S. 44).
4. Gewinnabschöpfung: Sollte Friedolin Fleißig mit seinem Handeln Gewinn erzielen, können Mitbewerber gemäß §10 UWG die Herausgabe dieses Gewinns in Anspruch genommen werden.

5. Bußgelder: Datenschutzbehörden könnten bei Verstößen gegen die DSGVO Bußgelder verhängen. Die genaue Höhe des Bußgeldes hängt von verschiedenen Faktoren ab, wie z.b. der Art des Verstoßes und dem Ausmaß der Beeinträchtigung der Betroffenen.

Die Vorgehensweise von Friedolin Fleißig verstößt somit gegen wettbewerbsrechtliche und datenschutzrechtliche Vorschriften. Unerwünschte Telefonanrufe sind als unlauterer Wettbewerb zu betrachten, der die Entscheidungsfreiheit und Privatsphäre der Verbraucher beeinträchtigt. Darüber hinaus erfordert die Verarbeitung personenbezogener Daten, wie Telefonnummern, eine rechtliche Grundlage, wie beispielsweise eine Einwilligung. Durch das rechtswidrige Handeln können Abmahnungen, Unterlassungsansprüche, Schadensersatzansprüche oder Bußgelder die möglichen Konsequenzen für Friedolin Fleißig sein. Es wird daher empfohlen, alternative rechtlich zulässige Methoden zur Kundengewinnung zu nutzen, um potenzielle rechtliche Risiken zu vermeiden.

Aufgabe 3

Rechtliche Bewertung des kommerziellen Verkaufs von Walt Disney™-Bügelbildern auf T-Shirts

Der vorliegende Fall befasst sich mit der rechtlichen Bewertung des Vorhabens von Fleißig, Walt Disney™-Bügelbilder auf T-Shirts zu drucken und zu verkaufen. Dabei wird untersucht, ob diese Vorgehensweise rechtens ist und welche möglichen Konsequenzen Fleißig im Falle des Verkaufs drohen könnten. Um diese Frage zu beantworten, müssen wir uns mit den einschlägigen Rechtsvorschriften befassen, insbesondere dem Urheberrecht und dem Markenrecht.

Fleißig hat einige hundert Walt Disney™-Bügelbilder günstig und rechtmäßig im Internet erstanden, darunter auch ein Bild von Donald Duck™. Dieser ist, wie auch alle anderen populären Trickfiguren der Disney-Geschichten, im Deutschen Patent- und Markenrecht registriert und markenrechtlich geschützt (Deutsches Patent- und Markenrecht, 2023). Demnach unterliegt der Handel bestimmten rechtlichen Bestimmungen.

Das Urheberrecht schützt das geistige Eigentum von Urhebern (Urheberrechtsgesetz, §2 Abs. 2), zu denen auch die Schöpfer von Walt Disney™-Charakteren wie Donald Duck™ gehören (Deutsches Patent- und Markenrecht Register, 2023). Das Urheberrecht gewährt den Urhebern das ausschließliche Recht, ihre Werke zu vervielfältigen, zu verbreiten und öffentlich zugänglich zu machen. Ohne die Zustimmung des Urhebers oder eine rechtliche Grundlage wäre es daher unzulässig, die Walt Disney™-Bügelbilder zu reproduzieren und auf T-Shirts zu drucken. Nach §53 UrhG ist die Vervielfältigung durch Dritte auf beliebige Träger zum privaten Gebrauch erlaubt, für gewerbliche Zwecke ist es allerdings verboten. Der Erwerb der Bügelbilder an sich stellt keine Urheberrechtsverletzung dar, sofern sie rechtmäßig im Internet erstanden wurden. Allerdings besitzt Fleißig als Käufer der Bügelbilder keine automatischen Rechte zur kommerziellen Nutzung, insbesondere zum Druck auf T-Shirts zum Verkauf. Das Urheberrecht bleibt gemäß §64 UrhG bis zu 70 Jahren nach dem Tod des Urhebers bestehen und ist gemäß §28 UrhG vererblich.

Friedolin Fleißig könnte laut §31 UrhG ein Nutzungsrecht durch den Urheber bewilligen lassen. Dieses ist zeitlich, räumlich und inhaltlich durch den Urheber beschränkt und muss durch eine angemessene Vergütung bezahlt werden (Urheberrechtsgesetz, §32).

Zusätzlich zum Urheberrecht spielt das Markenrecht eine Rolle. Marken dienen dazu, Produkte oder Dienstleistungen eines Unternehmens von denen anderer Unternehmen zu unterscheiden. Walt Disney™ ist eine geschützte Marke, die von der Walt Disney Company eingetragen ist. Die Verwendung der Marke auf den T-Shirts ohne die erforderliche Genehmigung stellt eine Markenrechtsverletzung dar.

Im Falle eines unautorisierten Verkaufs der T-Shirts mit den Walt Disney™- Bügelbildern könnten Friedolin Fleißig rechtliche Konsequenzen drohen. Der Urheber oder Rechteinhaber könnte Friedolin Fleißig rechtlich verfolgen und gemäß §97 UrhG Schadensersatzansprüche geltend machen. Die Höhe des Schadensersatzes richtet sich nach verschiedenen Faktoren, wie dem Umfang der Urheberrechtsverletzung und dem erzielten Gewinn. Zusätzlich könnten markenrechtliche Konsequenzen drohen. Wenn Fleißig die geschützte Marke Walt Disney™ ohne Lizenz oder Genehmigung verwendet, könnte dies zu rechtlichen Maßnahmen führen. Der Rechteinhaber könnte Unterlassungsansprüche geltend machen und Schadensersatz fordern.

Im Falle einer Urheberrechts- oder Markenrechtsverletzung sowie Produktpiraterie können verschiedene Konsequenzen drohen:

- Unterlassungs- und Schadensersatzforderung seitens des Rechteinhabers oder des Markeninhabers (§97 UrhG)
- Beschlagnahme und Vernichtung der gefälschten Produkte (§98 UrhG)
- Abmahnungen seitens des Rechteinhabers oder des Markeninhabers
- Entschädigung (§100 UrhG)
- Rufschädigung und Vertrauensverlust bei Kunden

Es ist daher wichtig, dass Fleißig die rechtlichen Rahmenbedingungen beachtet und keine urheberrechtlich geschützten oder markenrechtlich geschützten Inhalte ohne Genehmigung verwendet. Andernfalls droht ihm gemäß §106ff UrhG eine Freiheitsstrafe von bis zu drei Jahren.

Quellenverzeichnis

Beck, Telekommunikations- und Multimediarecht, 12. Auflage, 2022

Bürgerliches Gesetzbuch, https://www.gesetze-im-internet.de/bgb/ (Zugriff: 08.06.2023)

Bundesministerium der Justiz, https://www.gesetze-im-internet.de/urhg/ (Zugriff: 26.05.2023)

Deutsches Patent- und Markenrecht, https://www.dpma.de/dpma/veroeffentlichungen/meilensteine/comic-kultur/carlbarksdonaldduck/index.html (Zugriff: 27.05.2023)

Deutsches Patent- und Markenrecht Register, https://register.dpma.de/DPMAregister/marke/registerHABM?AKZ=002828341& CURSOR=2 (Zugriff: 12.06.2023)

Dörr/Schwartmann/Mühlenbeck, Medienrecht, 7. Auflage, 2023, C.F. Müller

Fechner/Mayer, Medienrecht, 17. Auflage, 2022/23, C.F. Müller

Gesetz gegen den unlauteren Wettbewerb, https://www.gesetze-im-internet.de/uwg_2004/ (Zugriff: 12.06.2023)

Gesetz über Urheberrecht und verwandte Schutzrechte, https://www.gesetze-im-internet.de/urhg/ (Zugriff: 26.05.2023)

Heun, Handbuch Telekommunikationsrecht, 3. Auflage, 2019

Löffler, Presserecht, 7. Auflage, 2023

Soehring/Seelmann-Eggebert, Neue Juristische Wochenschrift, 2005

Strafgesetzbuch, https://www.gesetze-im-internet.de/stgb/ (Zugriff: 11.06.2023)

Volker Epping: Grundrechte. 8. Auflage. Springer, Berlin 2019

Wichert, Felix; https://www.ra-plutte.de/faq-zum-aeusserungsrecht-tatsachenbehauptung-und-werturteil/ (Zugriff: 12.06.2023)

BEI GRIN MACHT SICH IHR
WISSEN BEZAHLT

- Wir veröffentlichen Ihre Hausarbeit,
  Bachelor- und Masterarbeit

- Ihr eigenes eBook und Buch -
  weltweit in allen wichtigen Shops

- Verdienen Sie an jedem Verkauf

Jetzt bei www.GRIN.com hochladen
und kostenlos publizieren